어린이를 위한
데일 카네기의 자기 관리론

어린이를 위한 데일 카네기의 자기 관리론

1판 1쇄 발행 2024년 7월 31일
1판 3쇄 발행 2025년 12월 1일

글쓴이 김지연 **그린이** 유영근
발행인 오영진 김진갑 **발행처** 제제의숲 **기획편집** 이희자
디자인 안경희 **마케팅** 박시현 박준서 김승겸 박가영

출판등록 2013년 1월 25일 제2013-000028호
주소 서울시 마포구 월드컵북로5가길 12 서교빌딩 2층
원고 투고 및 독자 문의 midnightinzeze@naver.com
전화 02-332-7706 **팩스** 02-332-7741
블로그 blog.naver.com/midnightbookstore
페이스북 www.facebook.com/tornadobook

ISBN 979-11-5873-313-1 (73190)

제제의숲은 ㈜심야책방의 자회사입니다.
이 책은 저작권법에 따라 보호를 받는 저작물이므로 무단전재와 무단복제를 금하며,
이 책 내용의 전부 또는 일부를 사용하려면 반드시 저작권자와 제제의숲의 서면 동의를 받아야 합니다.

잘못되거나 파손된 책은 구입하신 서점에서 교환해 드립니다.
맞춤법과 띄어쓰기는 국립국어원의 기준에 따랐습니다.
책 모서리가 날카로워 다칠 수 있으니 사람을 향해 던지거나 떨어뜨리지 마십시오.
종이에 베이지 않게 주의하세요. 책값은 뒤표지에 있습니다.

어린이를 위한
데일 카네기의 자기 관리론

김지연 글 | 유영근 그림

제제의숲

● 머리말

자기 관리를 잘한다는 게 뭘까요?

　방송에서, 혹은 주변 어른들이 자기 관리를 잘해야 한다고 말하는 걸 들어 본 적이 있을 거예요. 그런데 자기 관리를 잘한다는 게 뭘까요? 어떻게 하는 게 자기 관리를 잘하는 걸까요?
　이 질문에 답이 될 수 있는 책을 미국의 작가이자 강연자였던 데일 카네기라는 사람이 썼어요. 《데일 카네기의 자기 관리론》*이 바로 그 책이에요.
　데일 카네기가 책을 통해 이야기한 내용을 간단하게 정리하면, 걱정을 없애고 마음을 평화롭고 안정적인 상태로 만드는 게 자기 관리를 잘하는 거래요. 이 책에는 걱정을 없애고 마음을 평화롭고 안정적인 상태로 만드는 구체적인 방법을 적어 놓았어요.
　여러분도 한번 생각해 보세요. 말과 행동이 긍정적이고 여유 있는 사람은 친해지고 싶고 매력적이라는 생각이 들어요. 반면 부정적이고 걱정만 하는 사람은 같이 있기만 해도 힘이 들고 멀리하고 싶어지지요. 그런데 걱정 없는 사람이 있을까요?

　걱정과 두려움은 계속 생겨나요. 어떤 문제를 해결하면 걱정이 없어지는 게 아니라 또 다른 문제가 나를 괴롭히고 불안하게 만들지요. 이렇게 끊임없이 생겨나는 걱정과 두려움이 나를 지배하지 않도록 여러 방법을 적절하게 잘 활용해야 하기 때문에 '관리한다'라고 표현하나 봐요.

'나 자신을 내가 관리한다', 너무 당연해 보이는 말이지만 어려운 일이에요. 의식하지 못하는 사이에 꼬리에 꼬리를 물고 이어지는 생각을 스스로 통제하고 다른 방향으로 생각하도록 지휘하는 일은 연습과 훈련이 필요하기 때문이에요. 데일 카네기가 알
려 준 구체적인 방법을 직접 실천해 보면서 나 자신을 내가 관리하면 내 삶에 어떤 변화가 생기는지 확인해 봐도 좋겠어요. 그가 말한 방법이 걱정과 불안을 없애고 마음을 평화롭게 만드는 데 효과가 있는지 말이에요.

자기 관리를 잘한다는 건 다른 사람에게 멋져 보이는 일이기도 하지만, 나 자신에게 가장 좋은 일이에요. 나를 힘들게 하는 사람과 힘든 환경 속에서 스스로 나를 지키는 거니까요. 나를 불행하게 만드는 사람도 나 자신, 나를 행복하게 만들 수 있는 사람도 다른 사람이 아닌 바로 나 자신이라는 사실을 꼭 기억해요.

*이 책은 《데일 카네기의 자기 관리론》을 바탕으로 어린이들에게 도움이 될 수 있도록 고쳐 쓰고 재구성한 책이에요. 《데일 카네기의 자기 관리론》은 1948년에 출간되어 지금까지 사람들이 읽고 있는 대단한 책이지요. 출간된 지 80년이 되어 가고 있는 책인데도 시대에 뒤떨어졌다는 생각은 들지 않아요. 오히려 요즘 사람들이 참고할 만한 내용이 무척 많아요.

글쓴이 **김지연**

● 차례

01장 자기 관리를 위한 세 가지 기본 기술

1. 오늘을 충실히 살아가기 · 12
   계획표를 정리해 보자! · 14
2. 걱정을 확실히 해결하기 · 18
   두려움과 걱정을 마주 보자! · 20
3. 문제를 분석하고 실천하기 · 24
   걱정을 분석해 보자! · 26

02장 걱정하는 습관을 없애는 여섯 가지 방법

1. 관점을 바꾸기 · 32
   다른 관점으로 보는 연습을 하자! · 34
2. 믿을 만한 사람에게 문제를 털어놓기 · 38
   조언을 구하자! · 40
3. 담담히 받아들이기 · 44
   인정하고 잊어버리자! · 46
4. 내게 정말 중요한 일인지 따져 보기 · 50
   급한 일과 중요한 일을 구별하자! · 52
5. 지나간 일은 다시 돌이키지 말기 · 56
   실수와 잘못에서 배우자! · 58
6. 충분히 휴식하기 · 62
   긴장을 풀자! · 64

03장　평화와 행복을 부르는 일곱 가지 방법

1. 의무감 없애기 · 70
   책상을 정리하자! · 72
2. 즐겁게 생각하고 행동하기 · 76
   나를 행복하게 하는 것을 적어 보자! · 78
3. 부당한 비난은 무시하고 정당한 비판은 받아들이기 · 82
   부정적인 생각에 맞서자! · 84
4. 분노 잠재우기 · 88
   분노는 이렇게 잠재우자! · 90
5. 감사하기 · 94
   감사 일기를 쓰자! · 96
6. 모방하지 말고 자기 모습대로 살기 · 100
   나를 분석해 보자! · 102
7. 다른 사람에게 관심 갖고 기쁨 주기 · 106
   배려심을 키우자! · 108

01장 자기 관리를 위한 세 가지 기본 기술

내가 자기 관리에 대한 책을 쓰게 된 건 많은 사람이 '걱정' 때문에 여러 문제를 안고 산다는 걸 알아냈기 때문이에요. 걱정을 극복하는 방법만 알아도 자기 관리를 확실히 할 수 있지요. 그런데 이 방법이라는 게 그렇게 특별하지는 않아요. 이미 우리가 알고 있는 것들이거든요. 하지만 우리 삶에 적용하는 건 어려워요. 자기 관리를 위한 세 가지 기본 기술부터 우리 삶에 적용해 봅시다!

데일 카네기가 들려주는 자기 관리론

고대 로마의 시인 호라티우스가 남긴 시의 한 구절, '카르페 디엠'이라는 말을 들어 본 적이 있나요? '오늘을 즐기라' 혹은 '현재에 충실하라' 정도로 번역할 수 있어요. 아주 오래전부터 사람들은 지나간 과거, 다가올 미래보다 현재, 오늘을 충실히 사는 게 낫다는 것을 알고 있었어요.

호라티우스

인간은 과거와 미래라는 시간이 만나는 그 순간을 살 뿐이에요. 그래서 오늘을 붙잡고 최대한 활용해야 하는 것이지요. 현재에 만족하지 못하고 과거나 미래에만 집중하면, 불필요한 걱정이나 불안이 생기고 그것이 몸과 마음을 망가뜨려요.

예수는 "그러므로 내일 일을 위하여 생각하지 말라. 내일 일은 내일이 생각할 것이요, 한날의 괴로움은 그날로 족하니라."라고 가르쳤어요.

예수가 태어나기 500여 년 전에 살았던 고대 그리스의 철학자 헤라클레이토스는 "같은 강물에 두 번 발을 담글 수 없다."라고 했지요.

흘러가는 강물처럼 끊임없이 변화하는 시간과 삶에서 딱 한 가지 확실한 것은 오늘뿐이에요. 과거는 이미 일어나 되돌릴 수 없으며, 미래는 예측할 수 없고 불확실해요. 그런 과거와 미래의 문제를 고민하며 해결하려고 애쓰느라 오늘을 살아가는 즐거움을 놓친다는 것은 안타까운 일이에요.

그래도 내일을 대비하고 미래를 준비해야 더 잘 살 수 있지 않을까요?

오, 맞아요. 내일을 대비하고 미래를 준비하는 태도는 필요해요. 세심하게 생각하고, 계획하고, 미리 준비하는 게 좋지요. 하지만 내일과 미래를 준비한다면서 불확실한 미래 걱정만 해서는 안 되겠지요? 내일을 대비하고 미래를 준비하는 가장 좋은 방법은 바로 오늘 해야 할 일에 집중하고 최선을 다하는 것이니까요. 🙂

자기 관리 기술 ❶
오늘을 충실히 살아가기

현성이는 어제 학교에서 선생님의 질문에 제대로 대답하지 못한 일을 생각하고 있어요.

　과거의 일을 후회하면서 불안해하고 걱정하기보다는 똑같은 후회, 불안, 걱정을 만들지 않기 위해 지금 내가 할 수 있는 일이 무엇일지를 고민해 보세요.

민서는 한국사 수업을 들은 후 시험을 봤어요.
그런데 시험 점수가 기대한 만큼 나오지 않았어요.

앞으로 일어날 일에 대한 걱정보다는 오늘 내가 무엇을 할 수 있을지를 생각해 보는 태도가 내게 더 도움이 돼요.

계획표를 정리해 보자!

　오늘 하루를 충실하고 보람 있게 보낼 수 있는 좋은 방법은 계획을 세우고 계획표를 정리하는 거예요. 간단해 보이는 일이지만 많은 사람이 꾸준히 실천하지 못하는 일이기도 해요. 다음 방법에 유의하며 계획표를 정리해 보세요.

목표와 계획 구분하기

　많은 사람이 목표와 계획을 혼동해서 생각해요. 목표는 어떤 목적을 이루려고 작정한 일이나 방향이고, 계획은 목표를 이루기 위해 할 일을 정리한 내용이에요.

　세부적인 계획을 세우기 전에 내가 이루려고 하는 목표가 무엇인지 먼저 정리해 보세요.

현실성 있는 목표와 계획 세우기

목표와 계획은 실현 가능한 현실성 있는 것이 좋아요. 목표와 계획이 너무 크면 이루지 못할 가능성이 크고, 그 때문에 나를 힘들고 불안하게 만들 가능성이 커요. 그러니 목표와 계획은 숙제처럼 느껴지지 않으면서 즐겁게 지킬 수 있는 것이 좋아요.

효과적으로 계획표 짜기

지금 머릿속에 이루고 싶은 여러 가지 목표와 계획이 떠오른다면, 종이에 적은 뒤 우선순위를 정해 보세요. 당장 이루고 싶은 것과 천천히 해도 괜찮은 것을 구별해 보는 거예요.

매일매일 해야 할 일을 기록하는 일일 계획표만 짜면 꾸준히 실천해야 달성할 수 있는 목표를 이루기 어려워요. 따라서 월간 계획, 연간 계획도 함께 세우면 좋아요.

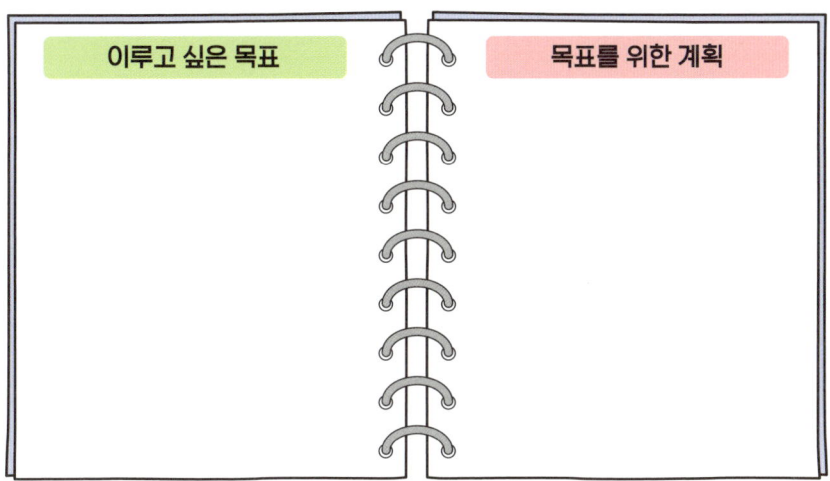

데일 카네기가 들려주는 자기 관리론

걱정은 여러 가지로 마음이 쓰이는 감정, 안심이 되지 않아 불안한 감정을 말해요. 특히 집중에 방해가 되기 때문에 결정을 하거나 판단을 내리기 힘들게 하지요.

내가 고민하고 걱정하는 어떤 상황을 확실하게 해결할 방법은 상황을 있는 그대로 바라보고, 그것이 가져올 수 있는 가장 나쁜 결과가 나오는 최악의 상황을 생각해 보는 거예요.

최악의 상황을 마음속으로 받아들이면, 막연한 상상은 사라지고, 문제에 집중하려는 마음이 생겨요. 그때부터는 문제에 대한 '생각'이라는 것을 할 수 있게 돼요. 내가 처한 상황을 바로 보게 되는 거지요.

그리고 일어날 수 있는 최악의 상황이 내가 어쩔 수 없는 것이라면 받아들이는 거예요. 이렇게 생각하는 것만으로도 마음이 편해질 수 있어요.

중국의 소설가이자 비평가인 린위탕도《생활의 발견》이라는 책에서 "진정한 마음의 평화는 최악을 받아들이는 데서 온다. 심리적으로 볼 때, 이것은 에너지를 자유롭게 풀어 주는 것이다."라고 했어요.

최악을 받아들이면 더 이상 잃을 것이 없어요. 그러면 얻을 수 있는 것만 남게 되지요.

두려움과 걱정이 심해지면 몸도 병들기 마련이에요. 걱정이 나의 몸과 마음을 아프게 할 수 있다는 점을 기억해야 해요.

최악의 상황을 가정했더니 더 두려워졌어요. 이럴 때는 어떻게 해야 하죠?

최악의 상황을 가정해 보았다면 어떤 일이 일어날지 머릿속으로 상상을 해 보았다는 말일 거예요. 그러면 이제 할 일은 '걱정'이 아니라, 이제 무엇을 해야 할지를 '고민'하는 거예요. 최악의 상황에서 나는 어떤 선택을 하고 어떻게 대처할 것인지를 미리 준비하고 마음먹으면 두려움이 없어질 거예요. 😊

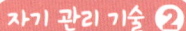
걱정을 확실히 해결하기

수현이가 교실에서 까불고 장난치다가 창틀에 있던 화분을 깨뜨렸어요.

NO →
- 어쩌지? 선생님께 혼날 텐데……. 혼나기 싫은데.
- 어떻게 된 일이니?
- 제가 그러려고 그런 게 아니고……. 그러니까 어쩌다 보니 실수로…….

OK →
- 선생님께 혼나겠지만, 내가 잘못했으니 책임을 져야지.
- 어떻게 된 일이니?
- 죄송해요. 제가 장난치다가 화분을 깨뜨렸어요.

문제 상황을 받아들이지 않고 지금 당장 그 자리에서 벗어나려고만 하면 걱정이나 두려움은 더 커지고 문제 해결도 더 어려워져요.

민우는 친구 수호가 별명으로 부르면 싫어하는 걸 알면서도 별명을 부르다가 수호와 다퉜어요.

NO →
- 아까 수호가 많이 화난 거 같던데.
- 수호의 화가 풀리지 않으면 어떡하지? 내 사과를 받아 주지 않으면 어쩌지?

OK →
- 수호가 싫어하는 걸 알면서도 별명을 부른 건 내 잘못이지. 내일 사과해야겠다.
- 화가 많이 나서 사과를 받아 주지 않을 수도 있어. 그때는 화가 풀릴 때까지 기다렸다가 다시 사과해 봐야지.

걱정을 하기 시작하면 꼬리에 꼬리를 물고 걱정이 끝없이 이어져요. 내가 할 수 있는 일을 생각해 보고, 내가 어찌할 수 없는 일이라면 받아들이는 태도도 필요해요.

두려움과 걱정을 마주 보자!

두려움과 걱정은 왜 생기는 걸까요?

더 잘하고 싶은 마음, 더 완벽하게 하고 싶은 마음이 두려움과 걱정을 만들어요. 이런 마음은 누구에게나 있고, 두려움과 걱정이 생기는 것은 자연스럽고 당연한 일이랍니다. 또, 두렵고 걱정될 때 나타나는 신체 현상도 모두 똑같아요.

이럴 때 내 마음에는 어떤 두려움과 걱정이 있는지 마주 보면 오히려 두려움과 걱정을 극복할 수 있어요.

두려움과 걱정 마주 보기

많은 사람이 두려움과 걱정을 없애고 싶어 해요. 두려움과 걱정 때문에 마음이 불안하고 불편하기 때문이지요. 그런데 두려움과 걱정은 피하려고 하면 할수록 더 생각나고 떠오르지요.

이때 '아, 내가 시험 때문에 많이 걱정하는구나.', '아, 내가 친구랑 잘 지내지 못할까 봐 두렵구나.' 하고 알아차리고 나면 다른 감정처럼 두려움과 걱정도 나타났다가 사라져요.

두려움과 걱정을 종이에 적어 보기

나의 두려움과 걱정이 무엇 때문인지, 어디에서 시작된 것인지 종이에 적어 보는 것도 두려움과 걱정을 마주 보는 좋은 방법이에요. 종이에 적으면서 내 마음을 차분히 들여다보고 나의 마음 상태를 정리해 보는 것이지요.

- 무슨 일이 있었나요?

- 나를 두렵게 만드는 일은 무엇인가요?

- 내가 가장 걱정되는 일은 무엇인가요?

데일 카네기가 들려주는 자기 관리론

　내 앞의 문제를 해결하고 싶다면 가장 먼저 해야 할 일은 문제를 분석하는 일이에요. 그럼 문제를 분석하는 건 어떻게 하는 걸까요? 아래의 단계를 차례대로 따라해 보세요.

1단계 사실 파악하기
2단계 사실 분석하기
3단계 결단을 내리고, 실천에 옮기기

　1단계는 사실 파악하기. 사실을 파악하는 건 문제를 지혜롭게 해결하기 위해 꼭 필요한 일이에요. 문제와 관련된 사실을 파악하는 데만 집중해 혼란이나 걱정에 빠지지 않도록 하세요. 또 공정하고 객관적으로 사실을 파악해야 해요. 우리가 이미 생각한 것을 뒷받침해 줄 사실만 찾으면서 나머지 사실을 무시하면 안 돼요. 이럴 때는 사고와 감정을 분리시키거나 내가 아닌 다른 누군가를 위해 정보를 모은다고 생각하면 좋아요.

　2단계는 사실 분석하기예요. 내 입장과 상대방의 입장을 글로 쓰면서 분석하면 좋아요. 사실을 글로 적으면 훨씬 쉽게 분석할 수 있지요.

　마지막 3단계는 내가 무슨 일을 할 수 있을지 적어 보고, 그중에서 무엇을 할지 결정하는 거예요. 결정한 뒤에는 미루지 말고 곧바로 실천에 옮기는 것이 좋아요.

숙제를 하기 싫어서 자꾸 미루게 돼요. 이 문제를 파악하고 분석까지 했는데도 바로 실천하기가 힘들어요.

숙제를 미루는 게 습관으로 굳어졌을 수 있어요. 이럴 때는 새로운 습관을 만들어야 하지요. 숙제를 언제 할 것인지 스스로 시간을 정한 다음 스스로 정한 규칙을 지켜 보세요. 이때 중요한 것은 결심한 그때부터 바로 실천해야 한다는 거예요. 실천부터 미루지 않는다면 새로운 습관을 만들 수 있을 거예요. 🙂

문제를 분석하고 실천하기

민혁이는 물건을 종종 잃어버려요.
오늘은 휴대 전화를 잃어버렸어요.

    문제가 생겼을 때 걱정이나 혼란에 빠져 문제를 해결하지 못하는 경우가 많아요. 가만히 걱정만 하는 것보다 내가 할 수 있는 일을 떠올리고 실천하는 게 문제 해결에 더 도움이 돼요.

수민이는 민우가 별명으로 부르는 게 싫어요. 하지 말라고 말했는데도 별명을 부르는 민우에게 어떻게 말해야 할까요?

사실을 분명히 정리하고, 내가 할 일을 정하면 내 감정도 빨리 정리할 수 있어요.

걱정을 분석해 보자!

앞에서 내가 두려워하는 것, 내가 걱정하는 것을 피하지 않고 마주해 보았다면, 이번에는 걱정을 다음 순서에 따라 분석해 보세요.

걱정을 분석하고 나면 걱정하는 일 대신 내가 할 수 있는 일이 무엇인지 알 수 있을 거예요.

🔍 나는 무엇을 걱정하고 있나요? 무엇이 문제인가요?

🔍 문제의 원인은 무엇인가요?

🔍 문제를 해결할 방법에는 어떤 것이 있나요?

내가 할 수 있는 해결 방법은 무엇인가요?

 가장 적절한 해결책은 무엇인가요?

 언제부터 실천할 계획인가요?

02장 걱정하는 습관을 없애는 여섯 가지 방법

> 앞에서 자기 관리를 위한 기본 기술을 익혔다면, 이제부터는 나도 모르게 익숙해진 걱정하는 습관을 없애 봐요. 이번 장에서는 걱정을 극복하는 여섯 가지 방법을 제시해 보았어요. 효과가 검증된 아주 구체적이고 믿을 만한 방법이지요. 제시된 방법을 읽은 다음에는 반드시 직접 실천해 보세요. 주변 사람들에게 달라졌다, 변했다는 이야기를 듣게 될 거예요.

- ✅ 관점을 바꾸기
- ✅ 믿을 만한 사람에게 문제를 털어놓기
- ✅ 담담히 받아들이기
- ✅ 내게 정말 중요한 일인지 따져 보기
- ✅ 지나간 일은 다시 돌이키지 말기
- ✅ 충분히 휴식하기

데일 카네기가 들려주는 자기 관리론

평소 걱정이 많은가요? 사소한 일에도 마음이 쓰이고 걱정이 꼬리에 꼬리를 물고 이어진다면 생각의 변화가 필요해요. 관점을 변화시키려고 노력하는 거지요. 지금까지와는 다른 새로운 관점을 가져 보세요.

관점을 변화시키는 게 뭔지 잘 모르겠다고요? 예를 들어 볼게요.

숙제하는 것을 좋아하는 사람은 별로 없을 거예요. '숙제하기 싫다'는 게 평소 내 관점이라면 이 관점을 바꿔서 '숙제하는 게 좋다, 즐겁다'라고 생각하는 거예요.

하기 싫고 귀찮은 일을 진심으로 좋아하는 일인 것처럼 생각하면 어떤 변화가 일어날까요? 새롭고 긍정적인 관점으로 생각하면 활력이 생기면서 걱정이 사라져요. 하나의 감정은 다른 감정을 몰아내거든요. 걱정 대신에 편안함, 안정감, 평화와 행복을 느낄 수 있을 거예요.

영국의 수상 벤저민 디즈레일리, 프랑스의 소설가 앙드레 모루아는 "사소한 일에 신경 쓰기에는 인생이 너무 짧다."라고 말했어요.

벤저민 디즈레일리

우리가 걱정하는 일은 사소한 일인 경우가 많아요. 사소한 일보다 가치 있는 행동과 감정, 오래 남을 만한 일에 더 신경을 써 보세요. 의미 있는 일에 몰두하면 걱정은 자연스럽게 사라져요.

숙제처럼 하기 싫은 일을 내가 좋아하는 일인 것처럼 생각하면서 하라고요? 그건 너무 어려운 일이에요.

어차피 숙제를 해야 한다면, 관점을 바꾸는 게 내게 훨씬 이득이에요. 하기 싫다고 생각하면서 숙제를 하면 몸과 마음이 너무 괴롭지요. 하지만 숙제하는 시간이 나를 성장시키는 중요한 시간이라고 생각을 바꾸고, 즐거운 마음으로 하면 속도가 빨라져 생각보다 숙제를 힘들이지 않고 쉽게 끝낼 수 있어요. 다른 사람에게 즐겁게 공부하는 사람이라는 긍정적인 인상도 심어 줄 수 있지요. 그야말로 돌 하나를 던져서 두 마리 새를 잡는 것과 같은 이득이에요. 😊

걱정 극복 방법 ❶
관점을 바꾸기

책을 읽고 독서 감상문을 써야 하는 숙제가 있어요. 혜진이는 숙제를 하기 위해 책상에 앉았어요.

부정적으로 생각하기 시작하면 안 좋은 점이 끝도 없이 생각나요. 반대로 긍정적으로 생각하면 좋은 점이 끝도 없이 생각나요.

독서 감상문 숙제를 검사하던 선생님이 혜진이의 감상문을 보고 고쳐야 할 부분을 지적해 주셨어요.

관점을 바꿔서 생각하면 상황과 결과를 다르게 만들 수 있어요. 내 기분을 엉망으로 만드는 것도, 행복하게 만드는 것도 나 자신이라는 것을 잊지 마세요.

다른 관점으로 보는 연습을 하자!

어떤 사물이나 현상을 보고, 생각하는 태도나 방향을 '관점'이라고 해요. 이 관점이 우리의 사고방식을 만든다고 할 수 있는데, 사고방식은 고정되어서 잘 바뀌지 않아요.

새로운 아이디어나 해결책을 찾고 싶다면 생각하는 방식을 바꾸고 새로운 관점을 갖는 게 도움이 되지요. 관점을 바꾸면 예상과 전혀 다른 결과를 얻을 수 있어요.

관점 바꾸는 연습하기

교실에서 앞에 앉은 정민이는 뒤돌아서 뒤에 앉은 세연이 책상에 있는 종이에 적힌 다음 숫자를 보고 있어요.

둘은 같은 숫자를 보고 있지만 앞에서 보는 정민이와 뒤에서 보는 세현이는 서로 다른 숫자라고 말해요.

이처럼 어떤 사물이나 현상을 볼 때 관점을 달리해 보면, 지금까지와는 다른 감정을 느낄 수 있고 다른 결론을 내릴 수 있어요.

관점 바꾸는 것을 습관화하기

관점을 바꾸는 것은 연습이 많이 필요한 일이에요. 평소에 주변에 주의를 기울이고 관심 갖는 태도가 필요하지요. 또 시간을 들여 관찰하는 것도 좋은 방법이에요. 그러면서 이전과 다른 것에 관심 갖고 공감하는 연습을 꾸준히 해 보세요.

아래 그림을 여러 관점으로 평가해 보세요. 그림이 무엇으로 보이나요?

 **데일 카네기가 들려주는 자기 관리론**

우리가 평소 하는 걱정 중에서 실제로 현실이 되는 것은 얼마나 될까요? 떠오르는 걱정을 잠시 멈추고 차분히 생각해 보면, 내가 하고 있는 걱정 중 대부분이 실제 일어날 확률이 매우 낮은 일이라는 것을 알 수 있어요. 또, 실제 일어난다고 하더라도 우리에게는 위기를 극복할 수 있는 기회와 힘이 있지요.

걱정으로 불안이 커질 때 스스로에게 질문해 보세요. '내가 걱정하는 일이 실제 일어날 가능성이 얼마나 될까?' 하고요. 그렇게 생각하는 것만으로도 걱정과 불안을 훨씬 줄일 수 있어요.

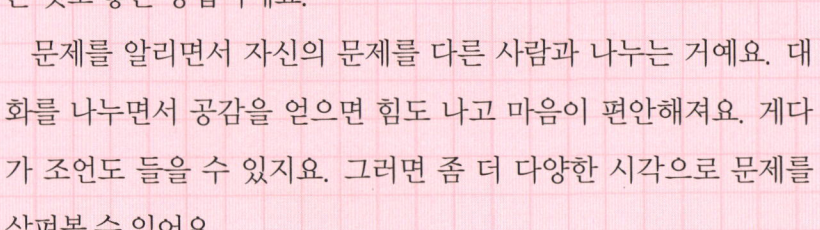

그런데 일어날 가능성이 큰 걱정이라면요? 그때에는 내가 믿고 있는 사람에게 문제를 털어놓는 것도 좋은 방법이에요.

문제를 알리면서 자신의 문제를 다른 사람과 나누는 거예요. 대화를 나누면서 공감을 얻으면 힘도 나고 마음이 편안해져요. 게다가 조언도 들을 수 있지요. 그러면 좀 더 다양한 시각으로 문제를 살펴볼 수 있어요.

걱정과 불안으로 가려져 있던 시야가 열리면서 이전에는 생각하지 못했던 방식으로 문제를 대하는 힘이 생기지요. 혼자 걱정하고 고민할 때보다 더 나은 해결 방법을 생각할 수 있어요.

걱정되는 일을 엄마에게 이야기하고 싶은데 혼날까 봐 무서워요.

만약 잘못한 게 있다면 솔직하게 이야기하고 문제를 빨리 해결하는 게 좋아요. 내가 책임져야 할 부분이 있다면 책임을 지고 문제를 해결해야지요.
단순히 걱정되는 일이라면 떠오르는 솔직한 감정과 걱정되는 일을 이야기해 보세요. 걱정하는 마음을 혼내는 부모님은 없을 거예요. 🙂

걱정 극복 방법 ❷
믿을 만한 사람에게 문제를 털어놓기

승찬이는 이사를 하면서 전학을 가게 되었어요. 전학을 가서 잘 적응할 수 있을지, 친구들과 잘 어울릴 수 있을지 걱정이 돼요.

NO →

전학 가기 싫다. 선생님이 무서우면 어떡하지? 친구를 못 사귀면 어쩌지?

→ 걱정되는 일이 한두 가지가 아니야. 하아…….

OK →

전학 가기 싫다. 선생님이 무서우면 어떡하지? 친구를 못 사귀면 어쩌지?

→ 생각해 보니 내 걱정은 실제 일어날지 안 일어날지 알 수 없는 일들이야. 걱정하는 게 의미 있나?

내가 걱정하는 것을 구체적으로 표현해 보고 가만히 따져 보면, 실제 일어나지 않은 일이고, 일어날 가능성도 낮은 일이라는 걸 알 수 있어요.

승찬이는 자신이 걱정하는 일이 실제 일어나지 않을 일이라고 생각했지만, 그래도 걱정되는 마음은 사라지지 않았어요.

믿고 있는 사람에게 문제를 털어놓으면 내가 생각하지 못했던 좋은 해결 방법이 생기는 경우가 많아요. 혼자 고민할 때보다 더 좋은 해결 방법이 생길 수 있지요.

조언을 구하자!

　혼자서 해결할 수 없는 일, 누군가의 도움을 받으면 좋겠다고 판단되는 일이 있다면 믿을 만한 사람에게 조언을 구하는 게 좋아요.
　믿을 만한 사람에게 문제를 털어놓고 조언을 구할 때도 몇 가지 주의할 점이 있지요.

조언 구하는 이유를 구체적으로 말하기

　내게 실제로 도움이 되는 조언을 듣고 싶다면, 내가 걱정하는 것은 무엇인지, 어떤 점을 고민하고 있는지, 어떤 노력을 해 보았는지 등 현재 내 상황을 구체적으로 설명해야 해요.
　그래야 실질적으로 내게 도움이 되는 구체적인 조언을 들을 수 있지요.

문제 해결은 내가 하기

조언을 들었다고 해서 문제가 저절로 해결되는 것은 아니에요. 그리고 그것이 완벽한 해답도 아니지요. 어떤 방식으로 문제를 해결할 것인지는 조언을 참고해 내가 선택해야 해요.

또 조언을 해 준 사람이 나를 대신해 문제를 해결해 주는 것은 아니라는 사실을 꼭 기억해야 해요. 문제를 해결한 이후에 일어나는 일에 대해 책임지는 사람 역시 나라는 사실을 잊지 마세요.

선생님은 책을 많이 읽으면 좋겠다고 조언해 주셨어. 내가 책을 안 읽는 편은 아니지만, 선생님 말씀을 참고해 이제부터는 책을 읽고 기록해 봐야겠다.

 데일 카네기가 들려주는 자기 관리론

이미 어떤 일이 벌어졌고, 돌이킬 수 없는 상황이라면 어떻게 행동하는 게 좋을까요? 내가 어찌할 수 없는 상황에서는 걱정한다고 문제가 해결되지 않아요. 얻을 수 있는 것도 없어요. 그러니 너무 애쓰지 말고 담담하게 받아들이고 적응하는 게 더 나아요.

미국의 철학자 윌리엄 제임스는 "이미 그렇다는 사실을 기꺼이 받아들이라. 그런 태도야말로 모든 불행을 극복하는 첫걸음이다."라고 현명한 조언을 했어요.

아르투어 쇼펜하우어

독일의 철학자 쇼펜하우어도 비슷한 말을 했어요. "체념은 삶이라는 여행에서 가장 중요한 준비물이다."라고요.

내가 할 수 있는 일이라면 최선을 다해야겠지만 내가 어찌할 수 없는 일이라면 빨리 인정하고 받아들이는 게 좋아요.

이렇게 담담히 상황을 받아들이고 나면 우리는 깜짝 놀랄 정도로 빨리 적응하고 심지어 상황 자체를 잊어버리기도 해요. 잊어버렸다고 괴로워하지 마세요. 이렇게 하는 것이 정신을 건강하게 지키며 살 수 있는 방법이기도 하니까요.

우리는 어떤 재난과 불행을 만나더라도 견뎌낼 수 있어요. 우리 내면에는 놀라울 만큼 강력한 힘이 있어요. 우리는 생각보다 강하답니다.

시험을 못 봤어요. 제가 공부를 못한다는 사실을 인정하고 받아들여야겠죠?

이미 결과가 나온 시험 점수는 담담히 받아들이고 더 이상 신경 쓰지 마세요. 하지만 이번에 나쁜 점수를 받았다고 해서 섣불리 '공부를 못한다'라고 결론을 내릴 수는 없어요. 다음 시험은 공부하고 노력해서 더 좋은 점수를 받을 수 있을지도 몰라요. 공부를 하는 행위는 내가 어찌할 수 없는 상황이 아니라 내가 충분히 어찌할 수 있는 상황이니까요. 🙂

걱정 극복 방법 ③
담담히 받아들이기

오늘은 학교에서 줄넘기 시험이 있는 날이에요. 오늘을 위해 성우는 열심히 연습했어요. 그런데 연습할 때는 잘하던 줄넘기를 정작 시험 때 실수하고 말았어요.

NO

망했어. 이제 어쩌지? 흑.
괜찮아?

기운 내. 다음에 잘하면 되지 뭐.
다음에 언제! 줄넘기는 이미 망했다고!

OK

실수를 하다니. 연습도 했는데…….
괜찮아?

아쉽지만 어쩔 수 없지.
슬퍼한다고 되돌릴 수도 없고. 다음에 더 열심히 해야지.
오, 멋있다!

이미 일어난 돌이킬 수 없는 일, 내가 어찌할 수 없는 일은 담담히 받아들이고 다음을 준비하는 게 나를 위한 행동이에요.

체험 학습을 가는 날, 정현이는 다리를 다쳐서 깁스를 하는 바람에 갈 수가 없어요.

NO →

- 나도 체험 학습! 체험 학습 가고 싶단 말이야.
- 다리를 다쳤으니 어쩔 수 없잖니.
- 다른 애들은 재미있게 놀 텐데 난 이게 뭐야. 짜증 나!
- 그만하지 못해!

OK →

- 체험 학습 가고 싶었는데 아쉽다.
- 기대했을 텐데 아쉽겠다.
- 어쩔 수 없죠. 제가 부주의해서 다쳤으니까요.
- 대신 오늘은 푹 쉬어야겠어요.
- 그래, 그게 좋겠다.

담담히 상황을 받아들이고 현재 내가 할 수 있는 일에 집중하면 짜증이 나거나 걱정이 생기는 것을 줄일 수 있어요.

인정하고 잊어버리자!

걱정하는 마음은 쉽게 없어지지 않고 잘 잊히지도 않아요. 계속 떠오르는 생각은 피한다고 해서 피할 수 있는 것도 아니지요.

이럴 때 내가 무엇을 걱정하고 두려워하는지 분명히 하고 인정하면 오히려 쉽게 잊을 수 있어요.

피하지 말고 인정하기

걱정과 불안을 자꾸 피하려고 하면 오히려 무기력해질 수 있어요. 이럴 때에는 내 감정을 인정하는 게 필요해요. 인정하면서 나를 충분히 이해하는 거지요. 불안을 조절할 때 가장 중요한 것은 불안 자체를 인정하는 마음이에요.

비난하지 말고 인정하기

내 감정을 피하지 않고 인정했다면, 다음으로 할 일은 판단하거나 평가하지 않는 거예요. 자신을 한심하게 여기거나 비난하지 않는 것이지요.

이렇게 나의 걱정과 불안을 편하게 받아들여야 지나친 걱정과 불안을 잊고 한 단계 나아갈 수 있어요.

데일 카네기가 들려주는 자기 관리론

　이런저런 걱정이 많으면 마음이 요동치고 불편해요. 마음이 평화로워야 삶의 즐거움도 느낄 수 있어요. 그러면 어떻게 해야 마음이 평화로워질까요?

　진정한 마음의 평화는 올바른 가치 판단을 할 수 있을 때 얻을 수 있어요. 가치 판단을 한다는 것은 무엇이 더 가치 있는지 구별한다는 의미예요. 객관적으로 무엇이 더 옳고 그른지 판별하기 쉽지 않은 일에 자신의 가치관을 기준으로 판단하는 것이지요.

에이브러햄 링컨

　우리의 삶에서 어떤 것이 더 가치 있는지 생각해 보면 걱정의 절반은 곧바로 사라져 버린답니다. 내 정신을 갉아먹는 일에 과한 마음을 쓰고 있지는 않은지를 생각해 보세요.

　미국의 16대 대통령이었던 에이브러햄 링컨은 "다른 사람에게 앙심을 품어 봐야 별 도움이 되지 않는다. 인생의 절반을 다투면서 보내기에는 인생이 너무 짧다."라고 말했어요.

　링컨은 다른 사람을 미워하고 다투는 게 자신의 인생보다 중요하지 않고, 자신에게 도움이 되지 않는다고 판단한 뒤 과한 마음을 쓰지 않기로 결정한 것이지요.

　링컨처럼 가치 판단을 잘하고 싶다면 먼저 나만의 기준을 세우는 게 필요해요. 내가 가치 있다고 생각하는 일과 내가 덜 중요하다고 생각하는 일을 구분할 수 있는 기준을 만드는 거예요. 확실하게 기준을 세워 두면 가치 판단을 빠르게 할 수 있어요.

가치 판단이라는 말이 어려워요. 가치 판단은 어떻게 하는 건가요?

가치 판단을 하는 게 익숙하지 않으면 어려울 수 있어요. 내게 무엇이 더 가치 있는지 판단할 때 다음과 같은 질문을 떠올리면 도움이 돼요.

1. 내게 정말 중요한 일인가?
2. 정말 옳은 일인가?
3. 내게 이익이 되는 일인가, 손해가 되는 일인가?

질문에 대한 답을 생각하면서 나만의 판단 기준을 정해 보세요. 🙂

걱정 극복 방법 ❹
내게 정말 중요한 일인지 따져 보기

수지는 같은 반 친구가 다른 반 친구 영민이에게 자신의 험담을 했다는 걸 알게 되었어요.

내게 덜 중요한 사람들에게 집중하기보다 나에게 더 중요한 사람들에게 집중하기에도 시간이 부족해요.

내가 중요하게 생각하는 일과 다른 사람이 중요하게 생각하는 일은 다를 수 있어요. 다른 사람을 무작정 따라 하기보다 내게 중요한 일, 내게 필요한 일이 무엇인지 스스로 생각해 보세요.

급한 일과 중요한 일을 구별하자!

급한 일과 중요한 일의 차이를 잘 구별하지 못하면 해야 할 일의 우선순위를 결정하지 못해 긴장되고 불안을 느끼기 쉬워요. 반대로 급한 일과 중요한 일을 잘 구별할 수 있게 되면 조급해하거나 허둥대지 않고 여유를 가질 수 있지요.

급한 일은 빨리 해결해야 하는 일이에요. 당장 처리해서 결과를 빨리 내야 하는 일이고, 빨리 해결하지 않으면 스트레스를 일으키지요.

중요한 일은 당장 처리해서 빨리 해결해야 하는 일은 아니지만, 장기적인 목표를 달성하는 데 도움이 되는 일이지요. 하지만 급하지 않다고 해서 중요하지 않은 것은 아니에요.

배가 아픈 상황을 가정해 볼게요. 화장실에 가야 하는 아픈 배라면 급한 일이지요. 반면 공부해야 한다고 생각할 때마다 아픈 배라면, 당장 화장실에 가거나 병원에 가야 할 급한 일은 아니에요. 하지만 이 증상이 계속된다면 치료를 받아야 하는 중요한 일이지요.

매순간 급한 일과 중요한 일을 정하며 살 수는 없지만, 시간 여유가 있을 때 급한 일과 중요한 일의 우선순위를 따져 보고 정하면 좋아요. 이렇게 우선순위를 정해 중요한 것과 사소한 것을 구분해 보세요.

1. 내가 해야 하는 일 중에서 급하고 중요한 일을 적어 보세요.

★ 가장 먼저 해야 할 일!

2. 내가 해야 하는 일 중에서 급하지 않지만 중요한 일을 적어 보세요.

3. 내가 해야 하는 일 중에서 급하지만 중요하지 않은 일을 적어 보세요.

4. 내가 해야 하는 일 중에서 급하지도 중요하지도 않은 일을 적어 보세요.

★ 천천히 해도 괜찮은 일!

데일 카네기가 들려주는 자기 관리론

지나간 일을 바꿀 수 있는 사람이 있을까요? 조금 전에 일어난 일이라고 해도 일의 결과를 바꾸는 행동을 할 수는 있지만 일어난 일 자체를 바꿀 수는 없어요. 그 사실을 잘 알면서도 많은 사람이 지나간 일로 후회하고 걱정해요. 이미 지나고 끝나 버린 일을 걱정하는 것은 아무런 의미가 없는 행동인데도 말이에요.

나폴레옹

프랑스의 황제이자 장군이었던 나폴레옹도 중요한 전투에서 세 번 중 한 번은 패했다고 해요. 평균만 놓고 보면 나폴레옹보다 우리가 나을 수 있어요. 나폴레옹처럼 뛰어난 장군도 과거를 돌이킬 수 없었다는 사실을 기억하세요.

돌이킬 수 없는 과거를 좀 더 나은 방향으로 만들 방법은 단 하나예요. 잘못을 침착하게 분석하고 교훈을 얻은 다음 깨끗하게 잊어버리는 거예요.

내 잘못과 실수를 분석하고 마음에 새길 교훈을 얻는다는 게 쉬운 일은 아니에요. 용기가 필요한 일이지요. 힘들겠지만 한번 실천해 보세요. 이렇게 하고 나면 지혜를 얻을 수 있을 뿐만 아니라 걱정도 완전히 지울 수 있어요.

오늘은 잠자리에 들기 전에 지나간 일을 돌이키면서 괴로워하기보다는 내일 할 일을 계획해 보면 어떨까요?

지난 일을 돌이켜 제 잘못을 분석하려고 했어요. 그랬더니 그때의 힘들었던 감정이 마구 떠오르는데 어쩌죠?

지난 일을 돌이킬 때 떠오르는 감정이 기분을 나쁘게 만든다고 꾹꾹 억누르려는 것은 좋지 않아요. 그렇다고 감정에 너무 몰입하는 것도 좋지 않지요. 이럴 때는 그때의 감정을 인정하고 받아들이는 게 좋아요. '아, 그때 내가 화가 많이 났구나.', '내가 창피해서 눈물이 났구나.' 하고 인정하는 것이지요. 🙂

걱정 극복 방법 ❺
지나간 일은 다시 돌이키지 말기

해솔이는 다양한 경험을 해 보고 싶어서
회장 선거에 나갔다가 떨어지고 말았어요.

이미 지나간 일로 괴로워하기보다는 미래를 위해 결과를 분석하고 교훈을 찾으려 노력하면 더 지혜로운 사람이 될 수 있어요.

지난 일이 후회될 때에는 후회에서 그치지 말고, 후회를 통해 내가 원하는 것을 찾고, 앞으로 내가 할 수 있는 일을 생각해 보세요.

실수와 잘못에서 배우자!

'실수'는 조심하지 않아서 잘못하는 행위이고, '잘못'은 옳지 못하게 한 일을 뜻해요. 아마 실수나 잘못을 하지 않고 사는 사람은 없을 거예요.

그러나 실수나 잘못을 하고 난 뒤 보이는 행동은 사람마다 달라요. 어떤 사람은 덮고 지나가려고 하고 또 어떤 사람은 남 탓을 하면서 책임을 피하려고 하지요. 실수나 잘못을 인정하고 책임지려고 하는 사람도 있고요. 여기서 더 나아가 실수나 잘못을 통해 깨달음을 얻는다면 우리는 더 멋진 사람이 될 수 있어요.

실수와 잘못 인정하기

실수와 잘못을 인정하려면 큰 용기가 필요해요. 인정한다는 것은 자신이 책임지겠다는 의미이니까요. 인정하는 순간 잃는 게 더 많은 것처럼 느껴지겠지만, 멀리 보면 다른 사람에게 신뢰를 얻고 더 큰 문제를 막을 수 있어요.

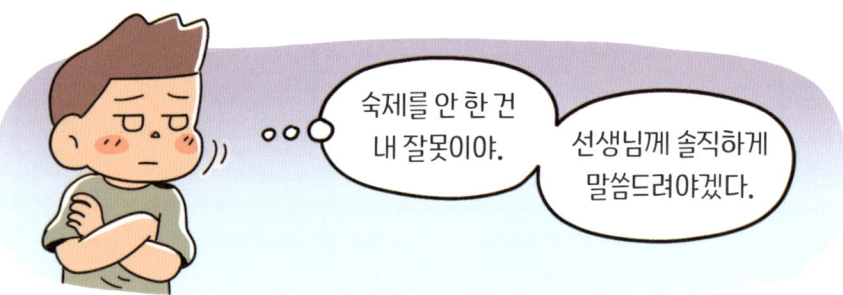

실수와 잘못을 돌이키기

나의 실수와 잘못을 돌이키며 자기 마음 깊숙한 곳까지 들여다보세요.

실수와 잘못에서 배우기

실수와 잘못을 인정하고 돌이켜 보면 나의 실수와 잘못에서 배울 점을 발견할 수 있어요.

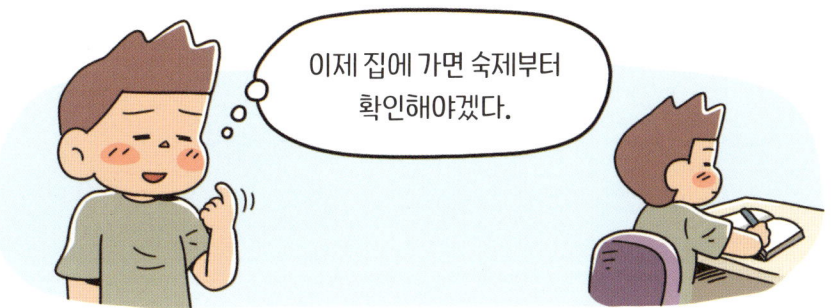

데일 카네기가 들려주는 자기 관리론

몸에 피로가 쌓이면 면역력이 떨어져 감기 같은 질병에 걸리기 쉬워요. 몸만 약해지는 게 아니라 정신적으로도 약해져요. 그래서 두려움과 걱정에 대한 저항력이 떨어져 더 걱정하기 쉬운 상태가 되지요.

만약 오늘 하루 유난히 힘들고 짜증이 많이 났다면 몸에 피로가 쌓여 휴식이 필요한 상태일 수 있어요. 이럴 때는 휴식을 취하면서 육체적으로, 정신적으로 회복하는 시간이 필요해요.

영국의 총리를 두 번 역임한 정치가 윈스턴 처칠은 제2차 세계 대전 중에 하루 16시간씩 일하면서 영국과 연합군의 승리를 이끌었어요. 그가 오랜 시간 일할 수 있었던 비결은 자주 휴식을 취해 피로를 예방하는 것이었어요.

미국의 발명가이자 사업가였던 토머스 에디슨도 자고 싶을 때 잠을 자는 습관 덕분에 엄청난 에너지와 지구력을 얻었다고 말했어요.

걱정하고 긴장하는 게 자기도 모르는 사이에 습관이 됐을 수 있어요. 마찬가지로 휴식도 습관이 되게 할 수 있지요. 몸의 긴장을 풀고 편안한 마음으로 충분히 휴식을 취해 보세요.

토머스 에디슨

걱정하는 나쁜 습관은 고치고, 피로가 쌓이기 전에 휴식하는 좋은 습관을 들일 수 있을 거예요.

잠을 푹 자고, 충분히 쉬었는데도 피곤하다는 생각이 들고 아무것도 하고 싶지 않아요.

휴식을 취해도 피곤하고 아무것도 하고 싶지 않다면 원인은 다른 데 있을 수 있어요. 이럴 때는 걱정과 긴장 같은 감정적인 문제가 원인일 수 있어요. 휴식한다고 하면서 걱정하고 긴장하고 있지는 않았나 생각해 보세요. 긴장 상태의 근육은 열심히 일하고 있는 것이나 다름없기 때문에 피로가 충분히 풀리지 않아요. 몸만 휴식을 취할 게 아니라 정신적으로도 휴식할 수 있도록 걱정이나 두려움을 잠시 잊어 보세요. 🙂

걱정 극복 방법 ❻
충분히 휴식하기

내일은 일요일이라 창민이는 마음 놓고 토요일에 밤을 새워 게임을 했어요. 자려고 하는데 성현이에게서 놀자는 전화가 왔어요.

NO

(일요일) 성현이구나, 이제 자려고 했는데……. 놀자고? 그래, 그러자. 지금 나갈게. — 창민

(월요일) 몸도 안 좋고, 너무 힘들어.

OK

(일요일) 성현이구나, 미안해. 내가 어제 잠을 못 자서 못 나가. 일찍 자려고.

(월요일) 어제 쉬길 잘했어. 어제도 놀았으면 힘들었을 거야. 개운해!

몸과 정신의 건강을 위해서 피로하지 않은 상태를 유지할 수 있도록 스스로 관리하는 태도가 필요해요.

성주는 진단 평가를 보고 나서 걱정이 많아졌어요. 기운이 없고 몸 상태도 좋지 않아요.

눈앞에 닥친 일만 생각하기보다 충분한 휴식을 취하면서 정신적, 육체적으로 건강한 상태를 유지할 수 있도록 해 보세요.

2장 걱정하는 습관을 없애는 여섯 가지 방법

 # 긴장을 풀자!

걱정하고 긴장하는 것은 너무 자연스러운 일이지만, 이것이 지나쳐 건강을 해치지 않게 하려면 평소에 긴장을 푸는 습관을 갖는 게 좋아요. 다양한 방법 중에서 나에게 잘 맞고 더 편안한 방법을 찾아보세요.

눈 감고 호흡하기

따뜻한 차나 물 마시기

창의적인 활동하기

가벼운 산책이나 운동하기

누워서 근육을 이완시키기

03장 평화와 행복을 부르는 일곱 가지 방법

> 평화롭고 행복하게 사는 걸 원치 않는 사람은 없을 거예요. 몇 가지 방법을 익혀 습관으로 만들면 어떤 외부 자극에도 흔들리지 않는 평화롭고 행복한 마음 상태를 만들 수 있어요.
>
> 새로운 방식으로 인생을 살려면 많은 시간과 강한 인내심과 끊임없는 노력이 필요해요. 시간과 노력이 들더라도 나 자신을 믿고 실천해 보세요!

* 의무감을 없애자.
* 즐겁게 생각하고 행동하기.
* 부당한 비난은 무시하고, 정당한 비판은 받아들여.
* 분노를 잠재워 보렴.
* 감사해 봐.
* 모방하지 말고 자기 모습대로 살아.
* 다른 사람에게 관심을 갖고 기쁨을 주자.

 **데일 카네기가 들려주는 자기 관리론**

앞에서 걱정과 두려움을 내려놓는 방법을 익혔다면, 이제부터는 어떻게 해야 마음을 더 평화롭고 행복하게 만들 수 있는지를 살펴보려고 해요.

첫 번째로 실천할 수 있는 방법은 무조건 해야 한다는 의무감을 없애는 거예요.

아마도 책상에는 내가 해야 할 공부와 숙제가 잔뜩 쌓여 있을 거예요. 이렇게 쌓여 있는 모습은 그 자체만으로 압박감을 줘요. 해야 한다는 의무감과 압박감이 나를 힘들고 괴롭게 하지요.

이럴 때 책상을 정리하면서 어떤 일을 먼저 하고 어떤 일을 나중에 할지를 결정해 보세요. 중요한 순서대로 처리할 계획을 세우면서 당장 해야 할 일만 남기고 책상을 정리하기만 해도 마음이 편안해져요. 또 이렇게 정리를 하고 나면 내가 해야 할 일을 더 쉽고 정확하게 알 수 있어요.

그다음으로 해야 할 일은 미루지 않는 거예요. 문제가 생겼을 때 미루지 말고 그 자리에서 문제를 해결하는 게 좋아요. 바로 해결하지 않고 미뤄 둔 문제는 정신적으로 나를 괴롭히면서 압박감을 주기 때문이지요.

오늘 해야 할 일을 계획했는데, 다 못 했다면 어떻게 해야 할까요?

원래 계획이라는 것은 한 번에 완벽하게 잘 세울 수 있는 게 아니에요. 시간을 들여 계획과 실행을 반복하면서 조정하는 과정이 필요해요. 평소 내가 어떻게 시간을 활용하는지 확인하고 나의 상황에 맞게 계획표를 수정하는 게 좋아요. 그러니 계획을 다 실행하지 못했다고 실망할 필요가 없지요.

오늘 해야 할 일 목록 중에는 당장 해야 할 일도 있지만, 조금 나중에 해도 괜찮은 일이 있을 거예요. 중요한 것부터 실행하고 상황에 따라 계획을 조정해 보세요. 🙂

행복 습관 ❶
의무감 없애기

책상 정리하는 걸 미루다 보니 어느새 소민이의 책상에는 교과서와 문제집이 쌓였어요.

NO → 책상에 해야 할 일이 잔뜩 쌓여 있어.

→ 해야 할 일이 너무 많아. 답답해서 아무것도 하고 싶지 않아.

OK → 오늘 할 일이 많지만……. 책상 정리부터 하고 할까?

→ 정리를 하고 나니 먼저 해야 할 일이 정리되는걸.

책상에 쌓여 있는 할 일들은 보는 것만으로도 압박감이 느껴져요. 책상을 정리해 두면 가벼운 마음으로 그날 해야 할 일에 집중할 수 있어요.

다현이는 학교에서 돌아와 알림장을 확인해 보았어요. 내일까지 해야 하는 수학 숙제가 있어요.

내가 해야 할 일을 미루면 그 일을 하기 전까지 계속 신경이 쓰여요. 의무감은 다른 일을 할 때에도 계속 영향을 미치지요. 할 일을 미루지 말고 먼저 해결하면 편안한 마음으로 다른 일에 집중할 수 있어요.

책상을 정리하자!

여러분은 왼쪽과 오른쪽 책상 중 어떤 책상에 앉고 싶은가요?

책상은 책과 문구를 보관하는 공간이 아니라, 공부를 하고 숙제를 하는 작업 공간이라고 할 수 있어요. 그러니 책상 위는 최대한 깔끔하게 정리해 비워 두고 활용하는 게 좋아요.

쓰지 않는 물건은 치우기

평소 쓸 일이 없는 물건은 책상에서 과감하게 치우는 게 좋아요. 예를 들어 지난해 교과서와 문제집은 자주 볼 일이 없는 것들이니 따로 상자에 보관하는 게 좋아요.

비슷한 속성끼리 분류하기

공책과 필기에 필요한 것, 참고서와 문제집, 자료 등을 속성에 따라 분류하고 이것들을 자주 사용하는 것과 가끔 사용하는 것으로 분류해요. 이렇게 같은 속성, 같은 종류끼리 모아서 보관하면 찾기도 쉽고 효율도 올라가요.

위치 정해 배치하기

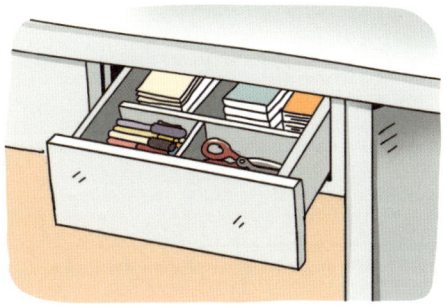

자주 사용하는 물건은 손이 잘 닿는 곳에 있어야 해요. 따라서 자주 사용하는 물건일수록 가깝고 잘 보이는 서랍에 배치하고 자주 사용하지 않는 물건은 맨 아래 서랍이나 높은 책장에 배치해요.

데일 카네기가 들려주는 자기 관리론

마음의 평화와 삶의 기쁨은 어디서 올까요? 좋은 집에 살고 돈이 많다고 마음이 더 평화롭고 삶이 더 기쁜 거 같진 않아요.

고대 로마 제국을 통치했던 철학자 마르쿠스 아우렐리우스는 "우리의 삶은 우리의 생각대로 만들어진다."라고 말했어요.

마르쿠스 아우렐리우스의 말처럼 모든 문제는 우리의 생각에서 비롯되고, 마음의 평화와 기쁨과 같은 감정도 우리의 생각에 달려 있어요.

생각을 바꾸는 것으로 걱정, 두려움을 극복하고 인생도 변화시킬 수 있어요. 나에게 평화를 가져다줄 수 있는 건 나뿐이지요.

마르쿠스 아우렐리우스

나를 힘들게 하는 것은 실제 일어나는 일이 아니라 내가 스스로 만들어 낸 생각인 경우가 많아요. 일어난 일을 어떻게 받아들일 것인지 내가 스스로 정하고 행동해 보세요.

즐겁게 생각하고 행동해야겠다고 마음먹는다고 곧바로 감정이 바뀌는 것은 아니지만, 적어도 행동은 바꿀 수 있어요. 그리고 행동을 바꾸면 자연스럽게 감정도 바뀔 수 있지요.

내가 진짜 행복할 때 하는 행동을 떠올려 보고 억지로라도 그 행동을 해 보세요. 우울한 감정은 이미 사라져 있을 거고, 내 주변 사람들도 바뀌어 있을 거예요.

즐거운 척 행동만 해도 행복해질 수 있나요?

미국의 심리학자 윌리엄 제임스는 '명랑해지는 첫 번째 비결은 명랑한 척하는 것이다.'라고 했어요. 이미 즐거운 것처럼 행동하면 정말 즐거운 감정이 생긴다고 말이에요. 그 외에도 현대의 많은 심리학자는 억지로 웃는 것만으로도 안 좋은 감정을 몰아낼 수 있다고 말해요.
'이게 즐거운 일인가?' 하고 논리적으로 따지기 전에 즐겁다, 행복하다고 느끼려고 하면 더 즐겁고 행복해질 수 있어요. 🙂

행복 습관 ❷
즐겁게 생각하고 행동하기

긴 겨울 방학이 끝나고 내일은 학교에 가는 날이에요. 소미와 미소는 학교에 대한 생각이 달라요.

NO ➡
"학교 다니는 거 너무 싫어!"
➡ "아침에 일찍 일어나기도 싫고, 수업도 재미없어."

YES ➡
"학교 다니는 거 너무 좋아!"
➡ "학교에 오면 친구들도 만나고 재미있는 일이 참 많아."

부정적인 생각은 부정적인 생각을 끊임없이 불러오고, 긍정적인 생각은 긍정적인 생각을 끊임없이 불러와요. 어떻게 마음먹는 게 좋을까요?

오늘은 박물관 체험 학습을 가는 날이에요.
찬우는 역사를 좋아하지 않아서 박물관 가는 게
별로 기대되지 않았어요.

NO →
박물관 재미없을 거 같은데.

→ 아, 역시 재미없어. 놀이동산이 더 재미있었을 텐데…….

OK →
박물관 재미없을 거 같은데.

→ 박물관에는 신기한 것들이 많구나. 친구들이랑 같이 보니까 더 흥미롭기도 하네.

처음에는 기대되지 않았던 일도 알고 보면 내 생각과 다른 경우가 있어요. 즐겁게 생각하고 행동하려는 작은 노력을 기울이면 다양한 감정을 느낄 수 있어요.

나를 행복하게 하는 것을 적어 보자!

긍정적인 생각은 나를 정신적, 육체적으로 건강하게 만들어 줘요. 삶을 내가 직접 통제하고, 매일 더 즐겁게 살 수 있는 좋은 사고방식이지요. 그뿐만 아니라 주변 사람과 건강한 인간관계를 자연스럽게 만들 수 있어요.

나를 기분 좋게 하는 것, 나를 행복하게 만드는 것을 생각하면서 긍정적으로 생각하는 연습을 해 보세요.

요즘 내가 제일 좋아하는 음식은 무엇인가요?

요즘 내가 좋아하는 향기는 무엇인가요?

현재 나에게 소중한 것, 나의 보물은 무엇인가요?

내가 좋아하는 사람은 어떤 사람인가요?
내가 사랑하는 사람은 누구인가요?

나를 행복하게 하는 일은 무엇인가요?

 **데일 카네기가 들려주는 자기 관리론**

　내가 하고 싶은 일을 하면 다른 사람이 나를 제멋대로라고 비난할까 봐 두려웠던 적이 있을 거예요. 하지만 내가 옳다는 확신이 있다면, 다른 사람의 생각이나 말은 신경 쓰지 말고 내가 하고 싶은 일을 하는 게 좋아요.

　사실 다른 사람은 나만큼 내게 관심이 없고, 각자 자신을 가장 최우선으로 생각하거든요.

　나를 비판하는 사람이 있을 수도 있어요. 내가 동의할 수 없는 부당한 비판을 할 수도 있지요. 부당한 비판 때문에 마음에 상처를 입을지, 말지는 내가 스스로 결정하는 것이라는 게 중요하지요.

　또, 다른 사람이 나를 비판하기 전에 내가 먼저 약점이나 비판받을 만한 점을 찾아 고치는 방법도 있어요.

　이것은 '진화론'을 발표한 찰스 다윈이 썼던 방법이에요. 다윈은  《종의 기원》 원고를 완성했을 때 스스로 비평가가 되어 자료를 점검하고, 논리 전개 방식에 오류가 없는지를 살펴보며 자신이 내린 결론에 대해 비판하기를 무려 15년 동안이나 했다고 해요.

찰스 다윈

　근거가 충분하고, 나에게 도움을 주려는 마음에서 나온 비판이라면 기꺼이 받아들여야 해요. 비판이 정당한지 따져 보지 않고 무작정 기분 나빠 하는 것은 옳지 않아요. 안 좋은 감정에 휘둘리기 전에 내게 도움이 되는 조언은 없었는지 생각해 보세요.

다른 사람이 비판하거나 비난하는 게 싫어서 속으로만 생각할 때가 많아요.

속으로만 생각하고 표현하지 않으면 내 기분이 상하는 일도 없고, 다른 사람과 관계가 나빠지지 않을 수 있어요. 문제가 발생하는 것을 차단할 수 있지요.
하지만 그렇게 하면 내가 하고 싶은 어떤 일도 할 수 없어요. 다양한 경험도 할 수 없고, 내 생각을 다른 사람과 조율할 기회도 없지요. 내가 옳다고 생각하는 일은 적극적으로 표현하고 실천해 보세요. 더 큰 기쁨과 즐거움을 느낄 수 있어요. 🙂

행복 습관 ❸
부당한 비난은 무시하고 정당한 비판은 받아들이기

현주와 정수가 문방구를 둘러보고 있어요.
그때 현주가 좋아하는 못생긴 캐릭터를 발견했어요.

NO →

- 너 취향 이상해.
- 뭐라고? 기분 나빠. 어떻게 그렇게 말할 수 있어?
- 정수의 말에 상처받았어. 이제 정수랑 안 놀 거야!

OK →

- 너 취향 이상해.
- 너랑 취향이 다르다고 이상한 건 아니지. 다른 사람의 취향도 존중해 줘.
- 아, 오늘 재미있었다. 게다가 내가 좋아하는 캐릭터 상품도 발견했잖아.
- 안녕.

친구가 나에게 상처가 되는 말을 할 때도 있지요. 하지만 그 말을 어떻게 받아들이고 어떻게 대응할지는 내가 결정할 수 있어요.

민지가 형우에게 빌렸던 책을 가져다 주기로 하고 깜박 잊어버렸어요. 민지는 무척 미안해하면서 형우에게 사과했어요.

다른 사람이 하는 비판을 무조건 무시하는 태도는 좋지 않아요. 정당한 비판이라면 인정하고 수용하는 태도가 필요하지요.

부정적인 생각에 맞서자!

혹시 자신도 모르게 자동적으로 부정적인 생각을 떠올리고 있지 않나요? 다른 사람의 말을 듣자마자 순간적으로 어떤 생각을 떠올리는지 확인해 보세요.

논리적인 사고를 거치지 않고 자동적으로 떠오르는 부정적인 생각이 있을 수 있어요. 이때 스스로 그 생각을 인식하면 어떻게 부정적인 생각을 없애고 대처할 수 있을지 계획을 세워 보세요.

생각을 멈추고 따져 보기

만약 내가 나도 모르게 부정적인 생각을 떠올리는 경향이 있다면 일단 생각을 멈춰 보세요. 그리고 자기 생각이 현실적이고 타당한지를 따져 보세요.

객관적으로 반박하기

떠오르는 부정적인 생각을 종이에 적어 보세요. 어느 한쪽으로 치우치지 않는 공정하고 객관적인 사람이 되었다고 생각하고 종이에 적힌 생각을 반박해 보세요.

조금만 생각해 봐도 오류가 보이고 내 생각이 과장되어 있다는 걸 알 수 있을 거예요.

흑백 논리 피하기

'흑백 논리'는 모든 것을 맞다, 틀리다 두 가지로 나누어 보는 사고방식을 말해요. 기준이 타당하고 객관적일 경우에는 문제가 되지 않지만, 기준이 명확하지 않은 경우에는 한쪽으로 치우친 생각을 하게 돼요. 모든 일에는 긍정적인 면과 부정적인 면이 동시에 있을 수 있으니 어느 한쪽으로만 치우쳐 생각하지 않는 게 좋아요.

데일 카네기가 들려주는 자기 관리론

다른 사람 때문에 화가 날 때가 종종 있지요. 똑같이 되갚아 주어야 공평하다는 생각이 들 수도 있어요. 그래서 어떻게 앙갚음을 할까 생각하다 보면, 점점 더 화가 나고 분노를 느끼게 돼요.

이럴 때 거울을 보면 내 얼굴이 아닌 것처럼 일그러져 있어요. 음식도 맛이 없고, 다른 일이 손에 잡히지 않아요.

화가 날 때 현명한 방법은 앙갚음하려 들지 말고 부드러운 말로 분노를 잠재우고, 그 일을 머릿속에서 지워 버리는 거예요.

'원수를 사랑하라, 일곱 번을 일흔 번까지라도 용서하라'는 예수의 가르침을 떠올릴 필요가 있어요. 왜냐하면 앙갚음은 남보다 나 자신을 먼저 해치기 때문이에요.

독일의 철학자 아르투어 쇼펜하우어는 "가능하다면 누구에게도 적대감을 품지 마라."라고 말했어요. 부정적인 감정은 나를 가장 먼저 힘들게 해요. 우리가 화를 내지 않고, 모욕감을 느끼지 않으면 그만이에요. 나를 화나게 하는 사람에 대해 생각하지 말고 나를 행복하게 하는 관심사와 더 중요한 일에 몰두해 보세요.

아르투어 쇼펜하우어

'뿌린 대로 거둔다'는 말처럼 누구나 자기 잘못에 대한 대가를 치르게 되어 있어요. 내가 분노하지 않아도, 내가 앙갚음을 하지 않아도 잘못을 한 사람은 이미 스스로 아주 괴로울 거예요.

분노는 무조건 억눌러야 할까요?

분노를 표현하는 게 긍정적으로 작용하는 경우도 있어요. 예를 들면, 부당하거나 불공정한 사건에 분노하고 저항해 변화를 이끌어 내는 경우예요.
분노를 무조건 억누르거나 부정하는 게 좋은 방법은 아니라는 말이지요. 하지만 감정을 주체하지 못하고 공격적으로 행동하는 분노는 조심해야 해요. 일단 분노를 잠재운 뒤 분노의 원인을 찾고 분석한 뒤 행동하는 게 좋아요. 😊

행복 습관 ❹
분노 잠재우기

화영이와 현범이는 도서관에서 마주 보고 앉아 책을 읽고 있어요. 책상이 좁아서 두 사람의 발이 자꾸 부딪혀요.

NO
- 발로 치지 마!
- 아, 미안.
- 야! 왜 자꾸 치냐고!
- 책상이 좁은 걸 어떡하라고!

OK
- 발 좀 조심해 줘.
- 아, 미안.
- 나도 조심할 테니 너도 발로 치지 않게 조심해 주면 좋겠어.
- 응, 알았어.

내가 손해 본 일, 내가 불편한 일 등 나에게만 초점을 맞춰 생각하면 화나고 짜증 나는 일이 많을 거예요. 하지만 상대도 나와 같을 거라고 생각하면 화가 조금은 풀려요.

모둠 활동 시간에 원형이가 장난을 치다 선생님께 꾸중을 들었어요. 이 일로 같은 모둠이었던 현재는 화가 났어요.

화가 나는 상황을 어떻게 받아들이고 어떻게 행동할지는 스스로 결정할 수 있어요. 그리고 내가 어떻게 행동하느냐에 따라 상대의 행동도 달라지지요.

분노는 이렇게 잠재우자!

즐겁게 게임을 하거나 텔레비전을 보고 있는데, 엄마가 갑자기 그만하고 공부하라고 해서 무척 화가 난 경험이 있지 않나요? 이처럼 분노는 몹시 분하고 노여운 감정이 북받쳐 올라서 화를 내는 것이지요. 분노는 즐거움, 부끄러움 등과 같은 감정 중 하나로 언제, 어디에서나 나타날 수 있어요.

누구나 일단 화가 나면 이성적으로 침착하게 대처하기가 어려워요. 하지만 분노는 우리가 충분히 조절할 수 있는 감정이고, 적절하게 표현하는 방법도 익힐 수 있어요.

분노 인정하기

분노라는 감정은 잘 달래 줘야 해요. 또, 한 번 생긴 분노는 쉽게 사라지지 않아요. 그러니 분노를 부정하거나 무조건 억누르려고 하지 말고 '내가 지금 분노하고 있구나.' 하고 인정해야 해요.

원인 찾기

분노를 인정한 다음에는 왜 분노가 일어나는지 원인을 찾는 훈련을 해야 해요. 말로 표현해 보는 게 좋아요.

분석하기

분노의 원인을 찾았다면 그 상황이 무엇을 의미하는지 분석하고 살펴보는 훈련을 해야 해요. 분노를 인정하고, 원인을 찾아 분석하는 이 과정을 스스로 반복해 가며 적절한 방법으로 분노라는 감정을 처리해요.

데일 카네기가 들려주는 자기 관리론

내 주변에 이기적이고 불평, 불만이 많은 친구가 있을 거예요. 그 친구들은 감사할 줄 모르는 경우가 많지요. 그런 사람이 많다는 게 별로 놀라운 일은 아니에요. 정신없이 하루하루를 살다 보면 감사를 잊게 되는 게 당연해 보이고요.

나는 어떤가요? 평소에 감사함을 자주 떠올리나요?

행복해지고 싶다면 내가 가진 문제보다 내가 받은 복은 무엇일지를 생각해 보는 태도가 필요해요. 매일 감사할 일을 찾다 보면 생각이 긍정적으로 바뀌고 행복도 쉽게 찾을 수 있지요.

고대 그리스의 철학자 아리스토텔레스는 "이상적인 인간은 삶의 불행에도 위엄과 품위를 잃지 않고 견뎌 내 긍정적인 태도로 그 상황을 최대한 이용한다."라고 말했어요.

아리스토텔레스

불행에만 집중하면 부정적인 생각이 꼬리에 꼬리를 무는 탓에 불행을 벗어나기 더 어려워져요. 불행 속에서도 감사하는 마음, 긍정적인 태도를 가지면 주어진 상황이 다르게 보일 거예요.

그리고 다른 사람이 내게 감사하기를 기대하기보다는 내가 무엇을 베풀 수 있을지를 생각해 보세요. 다른 사람의 감사를 기대하면 상심할 일이 많지만, 어떤 대가나 감사를 바라지 않고 베풀면 그 자체가 나에게 커다란 기쁨과 즐거움을 줘요.

저에게 안 좋은 일만 자꾸 일어나는데도 감사하는 마음을 가질 수 있을까요?

스물네 살밖에 안 된 젊은이가 사고로 평생 휠체어 신세를 지게 되었을 때 끔찍한 불행이라고 여기는지를 물어본 적이 있어요. 놀랍게도 그는 사고가 나서 다행이라 생각한다고 말했어요. 충격과 분노를 극복한 후 완전히 다른 삶을 살고 있다고 말이에요. 자신이 간절히 추구하던 것이 무가치하다는 것을 깨달았다고 하면서요.
사고로 몸은 불편해졌지만 진짜 중요한 가치가 무엇인지 알게 됐다는 것이지요. 감사하는 마음은 어떤 상황에서도 가질 수 있어요. 😊

감사하기

학년이 올라가면서 단짝이었던 선영이와 다희가 다른 반이 되었어요.

    불행에만 집중하면 부정적인 생각이 끊임없이 이어지지만 천천히 잘 생각해 보면 안 좋은 일만 있지는 않아요. 나에게 주어진 상황을 다르게 보려고 노력해 보세요.

효주와 선미는 같은 학교를 다니고 있어요.
점심시간이 되어 급식실에 갔어요.

NO →
- 윽, 맛없어 보여.
- 내가 좋아하는 게 하나도 없어요.
- 불평, 불만이 많은 아이구나.

OK →
- 오늘은 내가 좋아하는 음식이 많네.
- 정성껏 음식을 준비해 주셔서 고맙습니다!
- 고마워! 맛있게 먹으렴.

같은 상황에서도 불평, 불만을 먼저 떠올리는 사람이 있고, 감사함을 먼저 떠올리는 사람이 있어요. 감사함을 떠올리려고 노력하면 나도 행복해지지만 다른 사람까지 행복하게 만들 수 있지요.

감사 일기를 쓰자!

매일 하루를 돌아보며 감사한 일을 적다 보면 긍정적인 생각과 태도를 갖게 돼요. 감사한 일을 떠올리는 것만으로 행복을 느낄 수 있고 몸과 마음도 편안한 상태가 되지요.

다음을 참고해 감사 일기 쓰기를 습관으로 만들어 보세요.

감사 일기 쓰는 방법

- 내가 좋아하는 색깔과 디자인의 공책 한 권을 준비해요.
- 감사한 일을 서너 가지 적고, 왜 감사한지 이유도 적어 보세요.
- 잠자기 전, 하루를 정리하면서 쓰면 좋아요.
- 주변의 모든 것이 소재가 될 수 있어요.
- 일기를 쓰는 동안 진심으로 감사한 마음을 가져요.
- 매일 꾸준히 적어요.
- 짧게 적어도 괜찮아요.

 **감사 일기쓰기**

1.

이유 :

2.

이유 :

3.

이유 :

4.

이유 :

데일 카네기가 들려주는 자기 관리론

　다른 사람이 원하는 모습을 보여 주기 위해 내가 아닌 사람을 흉내 낸 적 있나요?

　인기를 얻고 싶어서, 인정을 받고 싶어서 내가 아닌 다른 사람처럼 굴다 보면, 어느덧 솔직할 수 없고 다른 사람이 원하는 답만 하려고 애쓰게 돼요. 하지만 아무도 이런 가짜를 좋아하지 않지요.

　다른 사람이 싫어할까 봐 걱정하지 마세요. 우리는 모두 다른 존재이고, 세상에 나와 똑같은 사람은 한 명도 없으니까요.

찰리 채플린

　영국의 배우이자 코미디언이었던 찰리 채플린이 처음 영화계에 진출했을 때였어요. 영화감독이 채플린에게 당시 가장 인기 있던 독일 코미디언을 똑같이 흉내 내라고 요구했지요. 감독의 말대로 다른 코미디언의 흉내를 내는 동안 채플린은 인기를 얻지 못했어요. 그러나 흉내 내기를 그만두고 자신의 모습을 온전히 드러내면서 인기를 얻고 인정받을 수 있었답니다.

　내게 주어진 것을 최대한 이용해 나 자신이 되는 게 가장 중요해요. 내가 무엇을 할 수 있고, 내 안에 내재된 힘이 무엇인지는 나밖에 알 수 없고 나만 발견할 수 있어요. 내 모습 그대로 살려고 하는 노력에서 얻을 것은 있어도 잃을 것은 전혀 없다는 사실을 꼭 기억하세요.

세상에는 나보다 멋지고 뛰어난 사람이 너무 많아요.

내 눈은 바깥을 향하고 있으니 내가 아닌 다른 사람이 먼저 눈에 들어오는 게 당연해요. 자, 시선을 바깥이 아닌 안으로 향하게 해 볼까요?
나에게 어떤 힘이 내재되어 있는지, 내가 무엇을 할 수 있는 사람인지는 나만 알 수 있어요. 다른 사람을 보기 전에 나 자신을 먼저 살펴보고 나를 있는 그대로 받아들여 보세요. 나 역시 세상에 존재하는 멋지고 뛰어난 사람 중 한 명이에요. 🙂

행복 습관 ❻
모방하지 말고 자기 모습대로 살기

재은이는 엄마가 권한 발레 학원을 다닐지, 자신이 배우고 싶은 검도 학원을 다닐지 고민이에요.

NO → 엄마가 발레 배우면 좋겠다고 했으니까 발레 학원을 다녀야겠지?

→ 아, 발레 배우기 싫어. 재미없어.

YES → 엄마가 발레를 배우면 좋겠다고 했지만, 내가 좋아하는 건 검도야.

→ 내가 좋아하는 걸 하니까 신나.

내가 원하는 걸 선택하기보다 다른 사람이 원하는 걸 선택하고 맞추어 주려고 하나요? 내가 진짜 원하는 게 무엇인지 표현하려고 노력해 보세요.

서희는 텔레비전에 나오는 연예인들을 넋 놓고 보고 있을 때가 많아요.

다른 사람을 따라 하기보다는 내가 가진 장점, 내 안에 내재된 힘이 무엇인지를 발견하는 데 더 집중해 보세요. 그 시간이 나를 훨씬 더 멋있는 사람으로 만들 거예요.

나를 분석해 보자!

나는 어떤 성향이며 어떤 행동을 하는 사람인지 스스로 이해하는 일은 아주 중요해요. 내가 평소에 무엇을 중요하게 생각하는지와 같은 나의 신념과 관점을 '가치관'이라고 하는데, 자신의 가치관을 확인하고 정의할 수 있어야 자신을 제대로 이해하고 있다고 말할 수 있지요.

나는 어떤 생각들로 이루어진 사람인가요?

다음 내용에 답하면서 자신의 가치관을 분석하고 '나에 대한 이야기'를 글로 써 보세요.

- 나의 장점과 단점
- 내가 잘하는 것과 못하는 것
- 내가 좋아하는 것과 싫어하는 것
- 내가 중요하게 생각하는 것과 중요하게 생각하지 않는 것
- 내가 열정을 느끼는 일이나 취미
- 내가 존경하는 사람
- 나에게 소중한 것

나, _____에 대한 이야기

※ 글을 다 쓴 뒤에는 쓴 글을 보면서 내가 어떤 사람인지 분석해 보세요.

데일 카네기가 들려주는 자기 관리론

　자신의 문제만 생각하고 나 자신을 돌보는 데만 열중하면 삶이 무의미하게 느껴지기 쉬워요.

　미국의 정치가이자 발명가였던 벤저민 프랭클린은 "다른 사람에게 선을 행하는 것이 자신에게 가장 좋은 일을 하는 것이다."라고 했어요.

벤저민 프랭클린

　이슬람교의 창시자 마호메트는 "다른 사람의 얼굴에 기쁨의 미소를 가져오는 것이 선행이다."라고 말했어요.

　선행, 선한 일을 한다는 건 어려운 일이 아니에요. 다른 사람에게 관심을 갖고 도움을 주려고 노력하는 것이거든요. 그러면 상대는 기쁨을 느낄 것이고, 나 역시 기쁨을 느끼게 되지요. 이렇게 날마다 누구를 기쁘게 만들지 생각하다 보면 새로운 사람이 된 것 같은 기분이 들 거예요.

　다른 사람을 기쁘게 하려고 노력하다 보면 나 자신의 사소한 문제에 고민할 틈이 없어요. 나의 두려움과 걱정에 집중하는 대신 다른 사람을 돕는 일에 집중하게 될 테니까요. 더불어 개인적인 문제에만 집중하느라 삶을 무의미하게 만들지 않을 수 있고요.

　날마다 선한 일을 하려고 노력해 보세요.

다른 사람에게 기쁨을 주려다 내가 힘들어지면 어떡하지요?

실제로 착한 사람이 되어야 한다는 생각이 강박 관념이 되면 '착한 사람 증후군' 또는 '착한 사람 콤플렉스'를 앓을 수 있어요. 속으로는 하고 싶지 않은데 겉으로 착한 일을 하려고 하면 내면과 외면이 서로 달라 문제가 일어날 수 있지요.

다른 사람에게 기쁨을 주려는 행동의 핵심은 진심으로 기쁨을 주고 싶다는 마음이 들 때 실천으로 옮기는 거예요.

늘 착한 행동을 해야 한다는 것도 아니에요. 나의 이익만 생각하지 않고 다른 사람에게 관심을 갖다 보면 자연스럽게 상대를 배려하는 마음이 생길 거예요. 🙂

행복 습관 7
다른 사람에게 관심 갖고 기쁨 주기

오늘은 선생님이 읽을 책을 챙겨 오라고 했어요.
성찬이는 책을 챙겨 왔지만 찬호는 깜박 잊어버렸어요.

자신만 생각하는 이기적인 태도는 특별히 어떤 기쁨과 행복을 주지 않아요. 하지만 다른 사람에게 관심을 갖고 도움을 주려는 태도는 상대뿐 아니라 내게도 기쁨과 행복을 주지요.

오늘은 송이가 가장 먼저 교실에 도착했어요.
마침 일찍 나와 있던 선생님과 교실에서 만났지요.

내가 먼저 다른 사람에게 세심하게 관심을 갖고 상냥한 말을 건네면 모두 기분 좋게 대화를 할 수 있어요. 내가 어떻게 행동하느냐에 따라 분위기가 달라지고 관계가 달라지지요.

배려심을 키우자!

나밖에 모르는 이기적인 태도는 다른 사람과의 관계를 불편하게 만들기도 하지만 나도 힘들게 해요.

배려는 다른 사람과 잘 어울리면서 나도 행복해질 수 있는 좋은 습관이에요.

상대의 입장에서 생각하기

도움이 필요한지 물어보기

경청하기

참고 기다리기

고마움 표현하기

시대를 초월한
《데일 카네기의 인간관계론》

어린이들의 올바른 성장을 책임질
모든 인간관계에 대한 구체적인 솔루션!

전 세계 1억 부 이상 판매된 초대형 고전 베스트셀러

타임지 선정 최고의 자기 계발서

국제코치연합 성공철학 필독서

김지연 글 | 유영근 그림

베스트셀러
어린이책 출간!

"화를 내는 건 나쁜 일인가요?"

"저는 친구보다 제 자신이 더 중요해요."

"말싸움을 거는 친구는 어떻게 대해야 할까요?"

관계가 매일 새롭고 어려운 어린이들을 위해 데일 카네기가 알려 주는 공감 100% 실천 가이드!

01. 관계를 위한 세 가지 기본 원칙
02. 호감 가는 사람이 되는 여섯 가지 방법
03. 싸우지 않고 설득하는 여덟 가지 방법

내가 하는 말이 나를 변화시키고, 내 친구를 변화시키고 내가 사는 세상을 변화시킬 수 있다니! 정말 멋진 일이야~!

사진 출처

35쪽　1892년 10월 23일 〈날아다니는 나뭇잎〉에 실린 토끼와 오리 그림: 위키 퍼블릭

86쪽　1855년의 아르투어 쇼펜하우어: 위키 퍼블릭

92쪽　리시포스가 만든 아리스토텔레스의 흉상: 위키 퍼블릭